上海市工会条例

中国工人出版社

图书在版编目（CIP）数据

上海市工会条例. —北京：中国工人出版社，2022.6
ISBN 978-7-5008-7938-1

Ⅰ.①上…　Ⅱ.　Ⅲ.①工会条例—上海　Ⅳ.①D412.1

中国版本图书馆CIP数据核字（2022）第103073号

上海市工会条例

出 版 人　董　宽
责任编辑　赵晨羽
责任校对　张　彦
责任印制　栾征宇
出版发行　中国工人出版社
地　　址　北京市东城区鼓楼外大街45号　邮编：100120
网　　址　http://www.wp-china.com
电　　话　（010）62005043（总编室）
（010）62005039（印制管理中心）
（010）62382916（工会与劳动关系分社）
发行热线　（010）82029051　62383056
经　　销　各地书店
印　　刷　北京市密东印刷有限公司
开　　本　880毫米×1230毫米　1/32
印　　张　1.5
字　　数　22千字
版　　次　2022年7月第1版　2022年8月第2次印刷
定　　价　8.00元

目　录

上海市人民代表大会常务委员会
公　告

《上海市人民代表大会常务委员会关于修改〈上海市工会条例〉的决定》已由上海市第十五届人民代表大会常务委员会第四十次会议于 2022 年 5 月 24 日通过，现予公布，自 2022 年 6 月 1 日起施行。

上海市人民代表大会常务委员会

2022 年 5 月 24 日

上海市人民代表大会常务委员会关于修改《上海市工会条例》的决定

（2022 年 5 月 24 日上海市第十五届人民代表大会常务委员会第四十次会议通过）

上海市第十五届人民代表大会常务委员会第四十次会议决定对《上海市工会条例》作如下修改：

一、将第四条修改为：

工会必须遵守宪法和法律，坚持中国共产党的领导，坚持马克思列宁主义、毛泽东思想、邓小平理论、“三个代表”重要思想、科学发展观、习近平新时代中国特色社会主义思想，弘扬伟大建党精神，彰显党的诞生地和初心始发地、工人阶级发祥地的历史地位，传承红色工运基因，保持和增强政治性、先进性、群众性，支持改革开放和社会主义现代化建设，依照《中国工会章程》独立自主地开展工作，具有下列职责：

（一）维护职工合法权益、竭诚服务职工群众是工会的基本职责。工会在维护国家整体利益的同时，代表和维护职工的合法权益。

（二）组织和教育职工依法行使民主权利，参与对国家事务、经济和文化事业、社会事务的管理，协助党和政府开展工作，维护社会主义国家政权。

（三）弘扬劳模精神、劳动精神、工匠精神，发挥先进示范引领作用。动员职工积极参加社会主义精神文明建设，教育职工提高思想道德、技术业务和科学文化素质，建设有理想、有道德、有文化、有纪律的职工队伍。

（四）动员和组织职工积极参加社会主义经济建设，立足本职岗位建功立业，助力经济高质量发展；发挥工人阶级在参与社会治理、维护城市运行安全，应对突发事件等工作中的主力军作用。

二、将第五条修改为：

工会通过平等协商和集体合同制度等，推动健全劳动关系协调机制，维护职工劳动权益，构建和谐劳动关系。

工会践行全过程人民民主重要理念，依照法律规定通过职工代表大会（职工大会）或者其他形式，组织职工参与本单位的民主选举、民主协商、民主决策、民主管理和民主监督。

三、将第六条修改为：

工会建立联系广泛、服务职工的工会工作体系，密切联系职工，听取和反映职工的意见和要求，关心职工的生活，帮助职工解决困难，全心全意为职工服务。

四、增加一条，作为第七条：

工会推动产业工人队伍建设改革，提高产业工人队伍整体素质，发挥产业工人骨干作用，维护产业工人合法权益，保障产业工人主人翁地位，主动适应城市数字化转型、创新型产业和战略性新兴产业发展等需要，造就一支有理想守信念、懂技术会创新、敢担当讲奉献的宏大产业工人队伍。

五、将第八条改为第九条，增加一款，作为第二款：

工会适应企业组织形式、职工队伍结构、劳动关系、就业形态等方面的发展变化，依法维护劳动者参加和组织工会的权利。

六、将第九条改为第十条，第一、二、三、四、五款整合修改为：

本市构建和完善工会组织体系。上级工会组织加强对下级工会组织的指导和服务。

市、区、街道、乡镇建立地方总工会，设立管委会且规模较大的开发区（工业园区）可以建立总工会。

同一行业或者性质相近的行业，可以建立市、区产业工会，在区级及以下可以建立行业性工会联合会。

经济开发区、工业（科技）园区、楼宇、商圈等企业、社会组织较为集中的区域可以建立区域性工会联合会。

七、将第十三条改为第十四条，第一、二、三款修改为：

工会委员会和经费审查委员会由会员大会或者会员代表大会选举产生。工会委员会成员人选应当依法确定。

各级工会建立女职工委员会，女会员不足十人的设女职工委员。

市、区总工会，市产业工会以及街道、乡镇等工会，可以建立为职工服务的法律服务机构，依法为所属工会和职工提供法律援助等法律服务。

八、将第十八条改为第十九条，增加一款，作为第一款，原第一款改为第二款，修改为：

企业、事业单位、社会组织应当依法建立职工代表大会制度。

职工代表大会（职工大会）是企业、事业单位、社会组织实行民主管理的基本形式，是职工行使民主管理权力的机构，依照法律、法规以及国家和本市的其他有关规定审议、通过、决定企业、事业单位、社会组织的重大决策事项和涉及职工切身利益的事项。

九、将第十九条改为第二十条，修改为：

企业、事业单位、社会组织研究经营管理和发展的重大问题应当听取工会的意见；召开讨论有关劳动报酬、生活福利、安全生产和劳动保护、工作时间、休息休假、女职工保护和社会保险等涉及职工切身利益事项的会议，必须有工会代表参加；讨论涉及女职工保护事项时，一般应当有女职工代表参加。

十、将第二十条改为第二十一条，第二款修

改为：

企业董事会中没有工会代表的，董事会研究决定有关劳动报酬、生活福利、安全生产和劳动保护、工作时间、休息休假、女职工保护和社会保险等涉及职工切身利益的问题时，应当事先听取工会的意见，并邀请工会的代表列席会议。

十一、将第二十一条改为第二十二条，第一款修改为：

工会代表职工与企业、实行企业化管理的事业单位、社会组织通过平等协商，就劳动报酬、生活福利、安全生产和劳动保护、工作时间、休息休假、女职工保护、社会保险、技能提升、职业发展以及其他事项，依法签订集体合同；也可以专门就工资事项，依法签订工资协议。集体合同草案、工资协议草案应当提交职工代表大会或者全体职工讨论通过，并按照有关规定报送人力资源社会保障部门和上一级工会。

十二、将第二十三条改为第二十四条，第二款修改为：

用人单位单方面解除职工劳动合同时，应当事先将理由通知工会。工会认为用人单位违反法律、法规和有关合同，要求重新研究处理时，用人单位应当研究工会的意见，将处理结果书面通知工会并附有相关材料。

十三、将第二十七条改为第二十八条，第二款修改为：

职工因工伤亡事故等生产安全事故和其他严重危害职工健康问题的调查处理，必须有工会参加。工会应当向有关部门提出处理意见，并有权要求追究直接负责的主管人员和有关责任人员的责任。对工会提出的意见，有关部门应当及时研究，给予答复。

十四、将第三十三条改为第三十四条，修改为：

工会应当支持用人单位的经营、管理者依法进行生产、经营活动和科学管理，会同用人单位加强对职工的思想政治引领，教育职工以国家主人翁态度对待劳动，爱护国家和用人单位的财产，组织职工开展群众性的合理化建议、技术革新、劳动和技能竞赛活动，进行业余文化技术学习和职工培训，参加职业教育和文化体育活动，推进职业安全健康教育和劳动保护工作。

十五、将第三十七条改为第三十八条，第一款修改为：

市、区总工会和街道、乡镇等工会组织，根据工会工作需要，明确人员编制，合理配备工作力量。

十六、将第三十八条改为第三十九条，第一款修改为：

工会主席、副主席、委员任期未满的，不得随意调动其工会工作岗位或者劳动合同约定的岗位，因工作需要调动的，应当事先征得本级工会委员会的同意；工会主席、副主席的调动以及经费审查委员会主任的任免，还应当征得上一级工会的同意。

十七、将第四十二条改为第四十三条，第二款修改为：

各级工会经费收支情况应当由同级工会经费审查委员会审查，接受上一级工会经费审查委员会审计，并定期向会员大会或者会员代表大会报告，接受监督。工会的经费、财产和国家及用人单位拨给工会使用的不动产，任何单位和个人不得侵占、挪用和任意调拨。

十八、将第四十四条改为第四十五条，增加一款，作为第二款：

市、区总工会对违反本条例规定的行为，可以通过工会劳动法律监督整改意见书等形式予以督促整改。

十九、增加一条，作为第五十三条：

有关单位和个人有违反本条例规定行为的，除依法追究相应法律责任外，相关部门还应当按照规定，将相关信息向本市公共信用信息服务平台归集，并依法采取惩戒措施。

此外，对部分条文的条款顺序和文字作相应调整。

本决定自2022年6月1日起施行。《上海市工会条例》根据本决定作相应修正后重新公布。

上海市工会条例

（1995年2月8日上海市第十届人民代表大会常务委员会第十六次会议通过　根据1997年5月27日上海市第十届人民代表大会常务委员会第三十六次会议《关于修改〈上海市工会条例〉的决定》第一次修正　根据2002年9月24日上海市第十一届人民代表大会常务委员会第四十三次会议《关于修改〈上海市工会条例〉的决定》第二次修正　根据2010年9月17日上海市第十三届人民代表大会常务委员会第二十一次会议《关于修改本市部分地方性法规的决定》第三次修正　根据2022年5月24日上海市第十五届人民代表大会常务委员会第四十次会议《关于修改〈上海市工会条例〉的决定》第四次修正）

第一章　总　　则

第一条　为了保障工会在国家政治、经济和社会生活中的地位，确定工会的权利和义务，发挥工会在社会主义现代化建设事业中的作用，根据《中华人民共和国宪法》、《中华人民共和国工会法》以及其他有关法律、法规，结合本市的实际情况，制定本条例。

第二条　在本市行政区域内的企业、事业单位、机关、社会组织（以下统称用人单位）和工会均应当遵守本条例。

本市设置在外省市的企业、事业单位、社会组织在处理与本单位工会的关系以及与上级工会的关系时，也应当遵守本条例。

第三条　工会是在中国共产党领导下职工自愿结合的工人阶级的群众组织，是党联系职工群众的桥梁和纽带，是国家政权的重要社会支柱，是职工合法权益的代表者和维护者。

第四条　工会必须遵守宪法和法律，坚持中国共产党的领导，坚持马克思列宁主义、毛泽东思想、邓小平理论、“三个代表”重要思想、科学发展观、习近平新时代中国特色社会主义思想，弘扬伟大建党精神，彰显党的诞生地和初心始发地、工人阶级发祥地的历史地位，传承红色工运基因，保持和增强政治性、先进性、群众性，支持改革开放和社会主义现代化建设，依照《中国工会章程》独立自主地开展工作，具有下列职责：

（一）维护职工合法权益、竭诚服务职工群众是工会的基本职责。工会在维护国家整体利益的同时，代表和维护职工的合法权益。

（二）组织和教育职工依法行使民主权利，参与对国家事务、经济和文化事业、社会事务的管理，协助党和政府开展工作，维护社会主义国家政权。

（三）弘扬劳模精神、劳动精神、工匠精神，发挥先进示范引领作用。动员职工积极参加社会主义精神文明建设，教育职工提高思想道德、技术业务和科学文化素质，建设有理想、有道德、有文化、有纪律的职工队伍。

（四）动员和组织职工积极参加社会主义经济建设，立足本职岗位建功立业，助力经济高质量发展；发挥工人阶级在参与社会治理、维护城市运行安全，应对突发事件等工作中的主力军作用。

第五条　工会通过平等协商和集体合同制度等，推动健全劳动关系协调机制，维护职工劳动权益，构建和谐劳动关系。

工会践行全过程人民民主重要理念，依照法律规定通过职工代表大会（职工大会）或者其他形式，组织职工参与本单位的民主选举、民主协商、民主决策、民主管理和民主监督。

第六条　工会建立联系广泛、服务职工的工会工作体系，密切联系职工，听取和反映职工的意见和要求，关心职工的生活，帮助职工解决困难，全心全意为职工服务。

第七条　工会推动产业工人队伍建设改革，提高产业工人队伍整体素质，发挥产业工人骨干作用，维护产业工人合法权益，保障产业工人主人翁地位，主动适应城市数字化转型、创新型产业和战略性新兴产业发展等需要，造就一支有理想守信念、懂技术会创新、敢担当讲奉献的宏大产业工人队伍。

第八条　工会的合法权益受法律保护，任何单位和个人不得侵害。

第二章　工会组织

第九条　用人单位中以工资收入为主要生活来源的劳动者，均有依法参加和组织工会的权利，并有退出工会的自由。

工会适应企业组织形式、职工队伍结构、劳动关系、就业形态等方面的发展变化，依法维护劳动者参加和组织工会的权利。

第十条　本市构建和完善工会组织体系。上级工会组织加强对下级工会组织的指导和服务。

市、区、街道、乡镇建立地方总工会，设立管委会且规模较大的开发区（工业园区）可以建立总工会。

同一行业或者性质相近的行业，可以建立市、区产业工会，在区级及以下可以建立行业性工会联合会。

经济开发区、工业（科技）园区、楼宇、商圈等企业、社会组织较为集中的区域可以建立区域性工会联合会。

用人单位有会员二十五人以上的，应当建立基层工会委员会；不足二十五人的，可以单独建立基层工会委员会，也可以由两个以上单位的会员联合建立基层工会委员会，也可以选举组织员一人，组织会员开展活动。

建立工会组织必须报上一级工会批准。

不依照《中国工会章程》组建的任何组织，不得以工会的名义开展活动，也不得替代工会行使职权。

第十一条 企业、事业单位、社会组织在筹建的同时应当支持职工筹建工会。

已经开业尚未建立工会组织的企业、事业单位、社会组织，应当从开业之日起六个月内支持、帮助职工建立工会组织。

上级工会应当帮助、指导未建立工会组织的企业、事业单位、社会组织的职工组建工会，企业、事业单位、社会组织应当予以支持，并提供必要的条件。

第十二条 任何单位和个人不得阻挠职工依法组建工会，不得随意撤销、合并工会组织，不得将工会的办事机构归属于其他工作部门。

对没有建立工会组织的企业、事业单位、社会组织，有关部门要积极支持、配合上级工会组织，指导职工建立工会组织，对于阻挠组建工会的违法行为，应当依法予以纠正。

第十三条 基层工会所在的用人单位终止或者被撤销，该工会组织相应撤销，并报上一级工会备案。

第十四条 工会委员会和经费审查委员会由会员大会或者会员代表大会选举产生。工会委员会成员人选应当依法确定。

各级工会建立女职工委员会，女会员不足十人的设女职工委员。

市、区总工会，市产业工会以及街道、乡镇等工会，可以建立为职工服务的法律服务机构，依法为所属工会和职工提供法律援助等法律服务。

各级工会可以建立工会劳动法律监督组织。

第十五条 工会主席、副主席由会员大会或者会员代表大会选举产生，也可以由工会委员会选举产生，实行任期制。

第十六条 市、区总工会，市产业工会，具有社会团体法人资格。

依法建立的街道、乡镇总工会，区产业工会和基层工会组织具备下列条件，并报区总工会或者市产业工会批准后，取得社会团体法人资格：

（一）已经建立工会委员会；

（二）有必要的财产或者经费；

（三）有自己的名称和办公场所；

（四）能够独立承担民事责任。

依法具有或者取得社会团体法人资格的工会，其主席是法定代表人。

第三章　工会的权利和义务

第十七条　各级人民政府可以召开会议或者采取其他适当方式，向同级工会通报政府的重要工作部署和与工会工作有关的行政措施，研究解决工会反映的职工群众的意见和要求。

各级人民政府人力资源社会保障部门应当会同同级工会和企业方面代表，建立劳动关系三方协商机制，共同研究解决劳动关系方面的重大问题。

街道办事处以及经济开发区、工业（科技）园区所在地负责劳动管理的部门，可以会同街道、经济开发区、工业（科技）园区的工会组织和企业方面的代表建立劳动关系三方协商机制，共同研究解决地区内劳动关系方面的重大问题。

第十八条 市、区人民政府制定国民经济和社会发展计划，市人民政府研究起草涉及职工切身利益的重大问题的法规、规章时，应当听取同级工会的意见。

市、区人民政府及有关部门在研究制定就业、工资、物价、安全生产、生活福利、社会保险等重大政策、措施时，或者成立涉及上述事项的社会监督机构时，应当吸收同级工会参加，听取工会的意见。

市、区总工会可以对就业、劳动报酬、物价、安全生产、生活福利、社会保险、职工队伍状况等问题进行调查分析，向人民政府提出意见或者建议。

第十九条 企业、事业单位、社会组织应当依法建立职工代表大会制度。

职工代表大会（职工大会）是企业、事业单位、社会组织实行民主管理的基本形式，是职工行使民主管理权力的机构，依照法律、法规以及国家和本市的其他有关规定审议、通过、决定企业、事业单位、社会组织的重大决策事项和涉及职工切身利益的事项。

国有企业、国有控股企业、事业单位的工会委员会是职工代表大会（职工大会）的工作机构，负责职工代表大会（职工大会）的日常工作，检查、督促职工代表大会（职工大会）决议的执行。集体企业的工会委员会，应当支持和组织职工参加民主管理和民主监督。其他企业、事业单位的工会委员会，依照法律规定组织职工采取与本单位相适应的形式参与民主管理。

企业、事业单位、社会组织违反职工代表大会制度和其他民主管理制度的，工会有权要求纠正。

第二十条 企业、事业单位、社会组织研究经营管理和发展的重大问题应当听取工会的意见；召开讨论有关劳动报酬、生活福利、安全生产和劳动保护、工作时间、休息休假、女职工保护和社会保险等涉及职工切身利益事项的会议，必须有工会代表参加；讨论涉及女职工保护事项时，一般应当有女职工代表参加。

第二十一条 企业设立监事会的，工会的代表应当作为监事会成员候选人。

企业董事会中没有工会代表的，董事会研究决定有关劳动报酬、生活福利、安全生产和劳动保护、工作时间、休息休假、女职工保护和社会保险等涉及职工切身利益的问题时，应当事先听取工会的意见，并邀请工会的代表列席会议。

董事会研究决定生产经营的重大问题、制定重要的规章制度时，应当听取工会的意见，取得工会的合作。

工会的代表列席董事会会议的费用，按照董事会成员的经费渠道列支。

第二十二条 工会代表职工与企业、实行企业化管理的事业单位、社会组织通过平等协商，就劳动报酬、生活福利、安全生产和劳动保护、工作时间、休息休假、女职工保护、社会保险、技能提升、职业发展以及其他事项，依法签订集体合同；也可以专门就工资事项，依法签订工资协议。集体合同草案、工资协议草案应当提交职工代表大会或者全体职工讨论通过，并按照有关规定报送人力资源社会保障部门和上一级工会。

产业工会以及经济开发区、工业（科技）园区、楼宇、商圈等企业、社会组织较为集中区域的工会联合会可以代表职工与相应企业、社会组织方面的代表进行平等协商，依法签订集体合同。

工会提出签订、变更集体合同的，企业、实行企业化管理的事业单位、社会组织在接到书面通知后应当按照有关规定与工会平等协商。企业、实行企业化管理的事业单位、社会组织无正当理由拒绝平等协商，或者因签订集体合同发生争议，双方协商解决不成的，工会可以要求当地人民政府人力资源社会保障部门依法协调处理。

因履行集体合同发生争议，经协商解决不成的，工会可以向劳动人事争议仲裁委员会申请仲裁，仲裁机构不予受理或者对仲裁裁决不服的，可以依法向人民法院提起诉讼。

第二十三条 企业、事业单位、社会组织起草劳动合同文本时，应当征求本单位工会的意见。

工会应当指导职工签订劳动合同，并依法监督劳动合同的履行。

工会发现企业、事业单位、社会组织与职工未依法签订劳动合同的，有权要求纠正，或者建议政府有关部门依法处理。

第二十四条 企业、事业单位、社会组织处分职工，工会认为有法律依据不足、事实理由不充分、处分不当或者超过法定处理权限等情形的，有权提出意见。

用人单位单方面解除职工劳动合同时，应当事先将理由通知工会。工会认为用人单位违反法律、法规和有关合同，要求重新研究处理时，用人单位应当研究工会的意见，将处理结果书面通知工会并附有相关材料。

第二十五条 企业依法建立劳动争议调解委员会。劳动争议调解委员会主任由工会代表担任，办事机构设在工会。

区总工会，市产业工会和街道、乡镇总工会可以会同有关方面的代表，建立劳动争议调解组织。

劳动争议当事人可以向本企业劳动争议调解委员会申请调解，也可以向前款所述的劳动争议调解组织申请调解。

政府建立劳动人事争议仲裁委员会应当有同级工会的代表参加。

第二十六条 企业、事业单位、社会组织违反劳动法律、法规规定，有下列侵犯职工劳动权益情形，工会应当代表职工与企业、事业单位、社会组织交涉，要求企业、事业单位、社会组织采取措施予以改正；企业、事业单位、社会组织应当予以研究处理，并向工会作出答复；企业、事业单位、社会组织拒不改正的，工会可以提请当地人民政府依法作出处理：

（一）克扣、拖欠职工工资的；

（二）不提供劳动安全卫生条件，或者劳动安全卫生设施和条件不符合国家规定的；

（三）随意延长劳动时间或者不按照规定支付延长劳动时间报酬的；

（四）侵犯女职工和未成年工特殊权益的；

（五）其他严重侵犯职工劳动权益的。

第二十七条 工会依照国家规定对新建、扩建企业和技术改造工程中的劳动条件和安全卫生设施与主体工程同时设计、同时施工、同时投产使用进行监督。对工会提出的意见，企业或者主管部门应当认真处理，并将处理结果书面通知工会。

第二十八条 工会发现企业、事业单位的经营、管理者违章指挥，强令职工冒险作业，或者在生产过程中有明显重大事故隐患和职业危害的，有权提出建议，企业、事业单位应当及时予以答复和解决；发现危及职工生命安全的情况时，工会有权向企业、事业单位建议组织职工撤离危险现场，企业、事业单位必须及时作出处理决定。

职工因工伤亡事故等生产安全事故和其他严重危害职工健康问题的调查处理，必须有工会参加。工会应当向有关部门提出处理意见，并有权要求追究直接负责的主管人员和有关责任人员的责任。对工会提出的意见，有关部门应当及时研究，给予答复。

第二十九条 工会有权到企业、事业单位、社会组织的生产、工作、营业等场所调查和监督劳动法律、法规的执行情况，有关方面应当予以支持。

工会对企业、事业单位、社会组织侵犯职工合法权益的问题进行调查时，有关单位应当予以协助，如实说明情况，提供有关资料，不得阻挠或者拒绝调查。

工会在调查中应当依法保守企业、事业单位、社会组织的商业秘密。

第三十条 工会参与监督社会保险基金的管理、使用和职工最低工资、最低生活保障线的实施。

工会有权督促用人单位按照有关规定，为职工缴纳养老、医疗、工伤、失业、生育等社会保险费。

第三十一条 企业、事业单位、社会组织有关人员有非法扣留职工居民身份证等合法证件和对职工非法搜身、拘禁以及侮辱人格、体罚、殴打等侵害职工合法权益行为的，工会有权制止并应当提出处理建议。负责处理的部门应当在三十日内将处理意见告知工会。

第三十二条 企业、事业单位、社会组织发生停工、怠工事件，本单位工会应当立即向上级工会报告，并应当代表职工同企业、事业单位、社会组织或者有关方面协商，反映职工的意见和要求，提出解决意见；协商不成的，上级工会应当及时与人力资源社会保障部门、有关单位的主管部门等到事发单位了解情况，共同协商，妥善处理。

对于职工的合理要求，企业、事业单位、社会组织应当予以解决。工会协助企业、事业单位、社会组织做好工作，尽快恢复生产、工作秩序。

第三十三条 职工合法权益受到侵害的，工会应当支持职工依法提出申诉、申请仲裁、提起诉讼，并提供法律服务。

第三十四条 工会应当支持用人单位的经营、管理者依法进行生产、经营活动和科学管理，会同用人单位加强对职工的思想政治引领，教育职工以国家主人翁态度对待劳动，爱护国家和用人单位的财产，组织职工开展群众性的合理化建议、技术革新、劳动和技能竞赛活动，进行业余文化技术学习和职工培训，参加职业教育和文化体育活动，推进职业安全健康教育和劳动保护工作。

第三十五条 工会协助用人单位组织职工参加疗养、休养活动，办好职工集体福利事业，做好社会保险等工作。

第三十六条 根据政府委托，工会与有关部门共同做好劳动模范和先进生产（工作）者的评选、表彰、培养和管理工作，宣传其事迹，关心其工作和生活。

第三十七条 工会协助人民政府和有关单位做好离休、退休人员的工作，关心其生活，维护其合法权益。

第四章 工会的人员和财产

第三十八条 市、区总工会和街道、乡镇等工会组织，根据工会工作需要，明确人员编制，合理配备工作力量。

企业、事业单位、社会组织有职工二百人以上的，应当配备必要的专职工会工作人员。专职工会工作人员的人数，由上一级工会与企业、事业单位、社会组织协商确定。职工不足二百人的，可以配备专职或者非专职工会工作人员。

第三十九条 工会主席、副主席、委员任期未满的，不得随意调动其工会工作岗位或者劳动合同约定的岗位，因工作需要调动的，应当事先征得本级工会委员会的同意；工会主席、副主席的调动以及经费审查委员会主任的任免，还应当征得上一级工会的同意。

调动工会筹建负责人的工作，应当事先征求上一级工会的意见。

征求上一级工会的意见应当采取书面形式。上一级工会应当在接到书面意见之日起十五日内予以答复，逾期未答复的，视为同意。

基层工会专职主席、副主席或者委员自任职之日起，其劳动合同期限自动延长，延长期限相当于其任职期间；非专职主席、副主席或者委员自任职之日起，其尚未履行的劳动合同期限短于任期的，劳动合同期限自动延长至任期期满。但是，任职期间个人严重过失或者达到法定退休年龄的除外。

基层工会专职主席、副主席或者委员任期期满不再担任专职工会职务的，所在单位应当妥善安排其工作。

第四十条 基层工会工作人员的劳动报酬和其他福利待遇由其所在单位承担。

基层工会专职主席、副主席和委员的劳动报酬和其他福利待遇，国家和本市有规定的，依照规定执行；没有规定的，可以由本单位工会或者上级工会与用人单位协商约定。

街道、乡镇以上各级工会以及所属的企业、事业单位工作人员和离休、退休人员的待遇，依照国家和本市的有关规定执行。

第四十一条 基层工会委员会需要占用生产（工作）时间召开会议或者开展活动的，应当事先与所在单位的主管人员商定。

工会非专职委员每月可以有三个工作日从事工会工作，其工资照发，待遇不受影响；超过三个工作日的，应当事先征得所在单位的主管人员同意。

第四十二条 建立工会组织的用人单位应当于每月十五日前按照上月全部职工工资总额的百分之二向工会拨缴当月的工会经费。工资总额依照国家统计局的规定计算。成立工会筹备组织的用人单位，应当自成立工会筹备组织之日起按照本款规定向工会拨缴工会经费。

各级工会应当按照规定的比例向上一级工会上缴经费。

第四十三条 工会应当根据经费独立原则，建立预算、决算和经费审查监督制度。

各级工会经费收支情况应当由同级工会经费审查委员会审查，接受上一级工会经费审查委员会审计，并定期向会员大会或者会员代表大会报告，接受监督。工会的经费、财产和国家及用人单位拨给工会使用的不动产，任何单位和个人不得侵占、挪用和任意调拨。

工会所属的为职工服务的企业、事业单位，其合法权益受法律保护，任何单位和个人不得随意改变其隶属关系。

工会组织合并，其经费、财产归合并后的工会所有；工会组织撤销，其经费和财产由上级工会处置。

第四十四条 各级人民政府和用人单位，应当为同级工会提供必要的办公场所和设施。

第五章　法律责任

第四十五条　工会对违反本条例规定侵犯其合法权益的，有权提请人民政府或者有关部门予以处理，或者向人民法院提起诉讼。

市、区总工会对违反本条例规定的行为，可以通过工会劳动法律监督整改意见书等形式予以督促整改。

第四十六条　违反本条例规定，阻挠职工依法参加和组织工会或者阻挠上级工会帮助、指导职工筹建工会的，由人力资源社会保障部门责令其改正；拒不改正的，由人力资源社会保障部门提请市或者区人民政府处理；以暴力、威胁等手段阻挠造成严重后果，构成犯罪的，依法追究刑事责任。

第四十七条　违反本条例规定，随意调动工会主席、副主席、委员的工会工作岗位或者劳动合同约定的岗位以及工会筹建负责人工作的，本单位工会或者上级工会可以向人力资源社会保障部门提出，由人力资源社会保障部门责令改正、恢复原工作；造成损失的，给予赔偿。

工会主席、副主席、委员或者工会筹建负责人对用人单位擅自变更劳动合同的，可以依法申请劳动仲裁，对仲裁裁决不服的，可以向人民法院提起诉讼。

对依法履行职责的工会工作人员进行侮辱、诽谤或者进行人身伤害，构成犯罪的，依法追究刑事责任；尚未构成犯罪的，由公安机关依照《中华人民共和国治安管理处罚法》的规定处罚。

第四十八条 违反本条例规定，有下列情形之一的，由人力资源社会保障部门责令恢复其工作，并补发被解除劳动合同期间应得的报酬；职工、工会工作人员不愿恢复工作的，由人力资源社会保障部门责令给予本人年收入二倍的赔偿，并按照解除劳动合同的规定给予经济补偿：

（一）职工因参加工会活动而被解除劳动合同的；

（二）工会工作人员因履行本条例规定的职责而被解除劳动合同的。

第四十九条 违反本条例规定，有下列情形之一的，由市或者区人民政府责令改正，依法处理：

（一）妨碍工会组织职工通过职工代表大会（职工大会）和其他形式依法行使民主权利的；

（二）非法撤销、合并工会组织的；

（三）妨碍工会参加职工因工伤亡事故等生产安全事故以及其他侵犯职工合法权益问题的调查处理的；

（四）无正当理由拒绝进行平等协商的。

第五十条 侵占、挪用或者任意调拨工会财产、经费拒不返还的，工会可以向人民法院提起诉讼，要求返还，并赔偿损失。

第五十一条 违反本条例规定，不依照《中国工会章程》组建，以工会名义开展活动，或者替代工会行使职权的组织，由社会团体登记管理部门依法取缔。

第五十二条 用人单位逾期未缴或者少缴工会经费的，工会应当向其发出催缴通知书，限期缴纳；逾期仍未缴纳的，基层工会或者上级工会可以依法向人民法院申请支付令；拒不执行支付令的，工会可以依法申请人民法院强制执行。

第五十三条 有关单位和个人有违反本条例规定行为的，除依法追究相应法律责任外，相关部门还应当按照规定，将相关信息向本市公共信用信息服务平台归集，并依法采取惩戒措施。

第五十四条 工会工作人员违反本条例规定，损害职工或者工会权益的，由同级工会或者上级工会责令改正，或者予以处分；情节严重的，依照《中国工会章程》予以罢免；造成损失的，应当承担赔偿责任；构成犯罪的，依法追究刑事责任。

第六章 附 则

第五十五条 本条例自 1995 年 5 月 1 日起施行。

关于《上海市工会条例修正案（草案）》的说明

——2022 年 5 月 23 日在上海市第十五届人民代表大会常务委员会第四十次会议上

上海市人大社会建设委员会主任委员　阎祖强

主任、各位副主任、秘书长、各位委员：

我受市人大社会建设委员会的委托，就《上海市工会条例修正案（草案）》［以下简称《修正案（草案）》］，作如下说明。

一、法规修改的背景和过程

《上海市工会条例》（以下简称《工会条例》）自 1995 年施行以来，为本市各级工会依法开展活动，全面履行各项职能，维护职工合法权益，构建和谐劳动关系，促进本市经济发展和社会稳定提供了有力的法治保障。此后，《工会条例》根据上位法的修改和本市的经济关系、劳动关系的发展，分别于1997年、2002年和2010年进行了三次修改。

党的十八大以来，习近平总书记对于坚持党对工会的领导以及工会工作的开展提出了一系列新要求。2021年12月24日，全国人大常委会通过决定，从七个方面对《中华人民共和国工会法》进行了较大修改。根据上位法修改情况，有必要及时对《工会条例》进行修改完善，以贯彻落实党中央决策部署和习近平总书记重要指示精神，同时也紧密联系上海实际，回应广大职工期盼，总结固化本市各级工会在工会改革中积累的经验做法。

2021年，市人大社会委在开展《工会法》修法征求意见工作时，就根据上位法的修改动态同步开展修改《工会条例》的立法调研。2022年，市人大常委会将此项立法列为正式项目。市人大常委会领导高度重视此项立法，蒋卓庆主任于3月29日召开专题视频会议，就如何在疫情防控的大背景下做好立法工作提出明确要求；莫负春、陈靖副主任率队调研本市工会改革情况并参与立法调研。为确保本次修法能充分体现《工会法》修改的新要求和本市工会工作的新发展，市人大社会委与市总工会、市人大常委会法工委等部门通力协作，共同深入区、街镇、产业、园区、楼宇、商圈、基层企业等各级工会实地调研，广泛听取相关部门、人大代表、基层立法联系点、企事业单位、社会组织、专家学者的意见和建议，经反复修改完善和征求意见，最终形成了《修正案（草案）》。

二、法规修改的总体思路

《修正案（草案）》在总体思路上，主要把握以下四点：

一是深入贯彻实施修改后的《工会法》。根据《工会法》修改的精神和重点内容，在本市工会工作中进一步突出以习近平新时代中国特色社会主义思想为指导和根本遵循，突出坚持党的领导，突出落实党中央和市委对工会改革的新要求，保持和增强工会组织的政治性、先进性、群众性，不断增强工会组织的吸引力、凝聚力、战斗力。

二是着力突出上海经济社会发展特点和工会工作特色。紧密结合本市强化“四大功能”、深化“五个中心”建设、发展“五型经济”等需要，着力完善相关制度和工作机制，为工会维护职工合法权益、竭诚服务职工群众，提供有力的法治保障。

认真总结提炼本市各级工会近年来在拓展履职领域、建立健全工会工作体系、推动产业工人队伍建设改革、扩大基层工会组织覆盖面、维护职工合法权益、竭诚服务职工群众等方面的经验做法。

三是体现全市上下打好疫情防控攻坚战的修法背景。提炼总结本市各级工会组织动员广大职工积极投身抗疫工作，关心关爱广大职工的经验做法，体现各级工会组织在维护城市运行安全和应对突发事件中的作用。

四是坚持必要性原则和法治统一原则。根据《工会法》修改、相关法律法规、政策制度和本市工会工作的迫切需求等，确有必要的才作修改，可改可不改的不作修改，保持《工会条例》现有框架和主要内容基本稳定，同时注重处理好《工会条例》与相关法律法规以及市委、全总制度文件之间的有效衔接。

三、《修正案（草案）》的主要内容

（一）完善工会工作指导思想

一是为保持和增强工会组织的政治性、先进性、群众性，明确工会应坚持中国共产党的领导，将习近平新时代中国特色社会主义思想同马克思列宁主义、毛泽东思想、邓小平理论、“三个代表”重要思想、科学发展观一道，确立为工会工作的指导思想。二是为体现上海党的诞生地和工人阶级发祥地的历史地位，明确工会应弘扬伟大建党精神，彰显党的诞生地和初心始发地、工人阶级发祥地的历史地位，传承红色工运基因。三是强化职工队伍思想建设，在工会职责中增加弘扬劳模精神、劳动精神、工匠精神，发挥先进集体和职工的示范引领作用的内容。四是强化工会组织在保障城市运行安全中的作用，在工会职责中增加相应内容（第四条）。

（二）推进民主管理制度建设

为践行全过程人民民主重要理念，深化职工代表大会和集体协商等基层企事业单位民主管理制度建设，一是规定工会依照法律规定通过职工代表大会或者其他形式践行全过程人民民主重要理念，组织职工参与本单位的民主选举、民主协商（第五条）。二是对照市人大常委会 2017 年修改的《上海市职工代表大会条例》，对职工代表大会的相关表述进行修改（第十九条）。

（三）体现工会改革的新要求和新成果

一是明确工会应建立联系广泛、服务职工的工会工作体系（第六条）。二是明确工会应推动产业工人队伍建设改革，提高产业工人队伍整体素质，发挥产业工人骨干作用，维护产业工人合法权益（第七条）。三是明确工会应适应企业组织形式、职工队伍结构、劳动关系、就业形态等方面的新变化，依法维护劳动者参加和组织工会的权利（第九条）。

（四）加强工会组织建设

一是强调本市构建和完善工会组织体系，进一步明确上下级工会组织间的指导和服务关系，同时根据群团改革基本原则和本市已经取得的成果，对街道、乡镇的地方总工会、开发区（工业园区）总工会、行业性工会联合会、区域性工会联合会作出规定，并明确根据工会工作需要合理配备工作力量（第十条、第三十八条）。二是规定基层工会委员会成员人选应当依法确定，并将各级工会建立女职工委员会的条件降低到十人以上（第十四条）。三是强化工会资金监管，规定经费审查委员会主任的任免应当征得上一级工会的同意，各级工会经费收支情况应当接受上一级工会经费审查委员会审计（第三十九条、第四十三条）。四是对于有关违法情形，完善了市、区总工会发出工会劳动法律监督整改意见书及依法纳入上海市公共信用信息服务平台管理等两种处理机制（第四十七条）。

（五）完善工会的基本职责和权利义务

一是将工会的基本职责由“维护职工合法权益”扩展为“维护职工合法权益、竭诚服务职工群众”（第四条）。二是规定工会通过平等协商和集体合同制度等，推动健全劳动关系协调机制，维护职工劳动权益，构建和谐劳动关系（第五条）。三是增加工会为所属工会和职工提供法律援助等法律服务，就工作时间、休息休假、女职工保护等涉及职工切身利益问题组织职工参与用人单位民主管理、民主协商等规定（第十四条、第二十条、第二十一条、第二十二条）。四是规定工会应加强对职工的思想政治引领，组织职工开展劳动和技能竞赛活动、参加职业教育和文化体育活动，推进职业安全健康教育和劳动保护工作（第三十四条）。

（六）强化对用人单位的监督

一是强化对单方解除权的监督，规定工会要求用人单位重新研究处理单方面解除职工劳动合同的决定时，用人单位将处理结果通知工会时应附有相关材料（第二十四条）。二是强化对安全生产工作的监督，规定生产安全事故的调查处理必须有工会参加（第二十八条）。

此外，对《工会条例》部分条款进行技术性文字修改。

《修正案（草案）》及以上说明，请予审议。